L'UNITÉ DE JURIDICTION

SA NÉCESSITÉ, SON PRINCIPE, SON ORGANISATION

PAR

Henri PASCAUD

CONSEILLER A LA COUR D'APPEL DE CHAMBÉRY

MEMBRE CORRESPONDANT DE L'ACADÉMIE DE LÉGISLATION DE TOULOUSE

MEMBRE DE LA SOCIÉTÉ DE LÉGISLATION COMPARÉE

Mémoire lu à l'Académie des Sciences morales et politiques
le 23 mai 1891

PARIS

ALPHONSE PICARD, ÉDITEUR

82, RUE BONAPARTE, 82

—

1891

L'UNITÉ DE JURIDICTION

SA NÉCESSITÉ, SON PRINCIPE, SON ORGANISATION.

L'ancien régime avait multiplié outre mesure les juridictions appelées à rendre la justice dans notre pays. Le nombre des tribunaux de toutes sortes chargés de statuer, soit sur les procès de droit commun, soit sur certaines matières spéciales, soit sur les litiges concernant certaines catégories de privilégiés, était véritablement excessif. Aussi, que de difficultés dans le partage de leurs attributions, que de conflits de compétence, que d'exceptions préjudicielles et, par suite, que de temps perdu, que de lenteurs dans l'administration de la justice, que d'argent dépensé sans profit pour faire trancher dans des instances préliminaires au fond des questions qui, si elles intéressaient l'organisation des juridictions et l'ordre public, étaient beaucoup moins intéressantes pour les particuliers appelés en définitive à supporter les frais onéreux de ces divers incidents. Pour se rendre compte de ce qu'était ce regrettable état de choses, il suffit de relire le décret du 11 septembre 1790. On y voit que l'Assemblée constituante a supprimé en bloc les élections, greniers à sels, juridictions des traites, grueries, maîtrises des eaux et forêts, bureaux de finances, juridictions et cours des monnaies, les cours des aides, les requêtes du palais et de l'hôtel, les conservations des privilèges des universités, les officialités, le grand conseil, la prévôté de l'hôtel, les sièges de la connétablie, le tribunal des maréchaux de France et généralement toutes les juridictions exclusivement judiciaires. L'énumération est longue ; nous n'affirmerions pas qu'elle soit complète.

Quelques jours auparavant, la loi des 16-24 août 1790 avait simplifié cette organisation aux mille têtes et substitué à ces juridictions si nombreuses des institutions judiciaires moins compliquées. Elle avait créé les juges de paix que nous avons encore et dont on veut augmenter les attributions, les tribunaux de district et d'appel, devenus aujourd'hui nos tribunaux de première instance et les Cours d'appel, les tribunaux de commerce, le tribunal, actuellement Cour de cassation, et des juridictions administratives appelées Directoires de district et de département, administration centrale en l'an III, remplacées plus tard par les agents de l'administration supérieure, juges du premier degré en matière administrative, par le Conseil d'État et par les Conseils de préfecture chargés de statuer sur certaines matières déterminées. Plus tard on y ajouta, sous le Consulat, une Cour des monnaies et une Cour des comptes. C'est ainsi qu'au chaos judiciaire de l'ancienne monarchie succéda un régime plus rationnel, mieux ordonné au moins relativement, de nature à rendre la justice plus facilement accessible aux citoyens. Ces réformes constituèrent incontestablement un des grands bienfaits de la Révolution.

Est-ce à dire qu'à cet égard la tâche du législateur soit achevée, et qu'en ce qui touche notre organisation judiciaire il ne reste plus rien à faire sous la troisième République?

Ce serait une erreur de le croire, et personne ne saurait sérieusement le soutenir. Aussi bien n'est-ce pas d'aujourd'hui que datent les demandes de modifications à apporter à l'état de choses actuel, soit en attribuant aux juridictions administratives le caractère de véritables tribunaux avec l'inamovibilité et les garanties conférées aux corps judiciaires, soit même en supprimant le Conseil d'État et les Conseils de préfecture dont les attributions seraient transférées aux juges de droit commun. Divers projets de loi ou amendements ont été présentés dans ce dernier sens devant les Assemblées législatives, notamment en 1871 par M. Raudot, dont la proposition a fait l'objet d'un remarquable rapport déposé au nom de la commission de décentralisation par M. Amédée Lefèvre-Pontalis. Jusqu'ici la réforme ne paraît pas avoir été appréciée à sa juste valeur, mais elle n'en est pas moins un des plus importants *desiderata* de l'avenir, elle ne s'en impose pas moins à bref délai comme une de ces nécessités dont la pratique des affaires révèle chaque jour l'urgence.

Ce n'est point par amour de l'uniformité en matière de juridictions que nous devons insister sur ce point, mais bien dans l'intérêt sainement compris des justiciables. Pour peu qu'on y réfléchisse, en effet, on est obligé de reconnaître qu'actuellement le citoyen n'a pas suffisamment les moyens de se faire rendre une prompte et sûre justice. A chaque instant se dressent devant lui, comme autant d'obstacles propres à entraver l'exercice de ses droits, les exceptions d'incompétence, les conflits d'attributions que soulève l'autorité administrative et dont un tribunal spécial est appelé à connaître. Il est obligé de s'adresser à des tribunaux constitués de telle manière qu'en droit, tout au moins, ces tribunaux semblent se confondre avec l'administration elle-même, et par conséquent être juges et parties dans leur propre cause. Est-il possible que les jugements rendus dans ces conditions réunissent les qualités d'indépendance et d'impartialité qu'exige la bonne administration de la justice ?

Supposons qu'un particulier, dont la propriété est voisine d'un polygone, ait eu ses récoltes détruites par la chute des projectiles et que les dangers résultant d'une telle situation aient apporté à sa jouissance un trouble permanent. Il aura bien sans doute le droit de réclamer des dommages-intérêts. Mais à qui devra-t-il adresser sa demande ? Il a lu dans le Code civil que tout fait quelconque de l'homme, qui cause à autrui un dommage, oblige celui par la faute duquel il est arrivé à le réparer, et que chacun est responsable du dommage qu'il a causé non seulement par son fait, mais encore par sa négligence ou son imprudence. Confiant dans la généralité des expressions de la loi qui ne semble pas comporter d'exception, le citoyen lésé assigne le ministre de la guerre devant le tribunal civil en qualité de représentant de l'État. Le tribunal se déclare incompétent par ce motif qu'il ne lui appartient pas d'apprécier une demande tendante à constituer l'État débiteur. Le malheureux est condamné aux dépens et la solution du litige n'a pas fait un pas. Admettons que, par erreur, le tribunal retienne la connaissance du procès, ce sera pis encore; car s'il y a appel, il aura à solder les frais des deux instances, peut-être même ceux d'un arrêté de conflit. Cependant de longs mois, quelquefois une ou deux années, se sont écoulés, et celui dont la propriété a été dévastée, qui n'a peut-être que le revenu de cet immeuble pour vivre, n'a pu encore obtenir les dommages-intérêts qu'il réclame. Enfin les questions de compétence sont vidées avec l'autorité judiciaire; devant quel juge administratif portera-t-il sa demande? S'il s'adresse au Conseil de préfecture qui statue exclusivement sur certaines matières déterminées, une nouvelle déclaration d'incompétence interviendra. Introduit-il directement son action devant le Conseil d'État, on peut très bien lui répondre que le juge administratif du premier degré, c'est le ministre contre la décision duquel il aura un recours contentieux ordinaire ou un recours pour excès de pouvoir, à moins qu'en vertu d'une théorie nouvelle le Conseil d'État se déclare valablement saisi *omisso medio*. Alors sans doute, après avoir été traînée de juridiction en juridiction, la victime du fait dommageable sera indemnisée. Que de lenteurs, que d'ennuis, que de dépenses inutiles n'aura-t-elle pas eu à supporter !

Un maire refuse ou ajourne sans motifs plausibles la légalisation d'une signature que lui demande un de ses administrés. Celui-ci en a cependant besoin pour produire des pièces dans un certain délai, passé lequel il encourt une déchéance, et dès lors le préjudice sera peut-être irréparable. Il semble bien que dans cette hypothèse le maire a commis une faute qui engage sa responsabilité personnelle. C'est une erreur; la jurisprudence décide qu'en procédant ainsi que nous venons de le dire, il a fait un acte administratif dont la connaissance n'appartient pas à l'autorité judiciaire. En conséquence on le renvoie suivant la formule consacrée, à se pourvoir ainsi qu'il avisera, sauf à lui à se trouver très heureux s'il en est quitte pour une seule décision d'incompétence dont il aura à payer le coût, bien entendu, avant d'obtenir les dommages-intérêts qu'il réclame.

Les difficultés ne sont pas moins considérables lorsque la cause à juger oblige l'autorité judiciaire à appliquer un acte administratif. Elle doit se prémunir avec soin contre tout ce qui pourrait ressembler à une interprétation de près ou de loin; c'est un terrain défendu où même indirectement elle ne peut avoir accès. En pareille occurrence, si l'arrêté, si la mesure d'administration ne sont pas d'une clarté absolue, elle est tenue de surseoir jusqu'à ce que l'autorité administrative les ait interprétés. Que de décisions cassées par la Cour suprême, que de jugements ou arrêts d'incompétence comporte l'exécution, parfois subtile, de ces règles ! Le domaine du droit administratif est assez mal délimité : malheur aux décisions judiciaires qui franchiraient la ligne de démarcation, si incertaine qu'elle soit.

La conséquence à tirer d'un tel état de choses, c'est qu'avec notre régime judiciaire il est infiniment difficile d'obtenir justice, c'est que les parties lésées se heurtent incessamment à des complications, à des incidents de toute nature, propres à retarder la satisfaction qui leur est due, à tous les conflits de compétence qui rendent les procès longs et coûteux. Et cependant nos législateurs ne voudraient pas qu'à cet égard on pût leur adresser des reproches ! Concluons en donc qu'il est nécessaire de mettre un terme à

ces abus, à ces gaspillages de temps et d'argent, à ces lenteurs qui dans certains cas, peuvent présenter les appa-
rences d'un véritable déni de justice.

A un autre point de vue encore, la juridiction administrative prête à la critique et ne doit pas être conservée. Com-
posée de fonctionnaires amovibles, placés sous la main du
pouvoir exécutif, elle semble n'être qu'une branche de
l'administration active, qu'une partie intégrante du corps
dont elle a mission d'apprécier les actes. De là naissent des
doutes regrettables au sujet de son impartialité et des
garanties qu'elle offre aux justiciables ; de là provient cette
opinion, exagérée sans doute, mais en tout cas fort répan-
due, que les tribunaux administratifs ne sont que les agents
du pouvoir exécutif qui juge dans sa propre cause. Or,
comme le disait dès le XVIᵉ siècle Jean Bodin, l'éminent
auteur du *Traité de la République*, l'homme qui joua un
rôle si considérable aux États généraux : « Le prince ne
doit pas être juge et partie là où il y va de son intérêt. »

Cette doctrine est vraie dans tous les temps et quelles que
soient les formes et la dénomination du pouvoir exécutif.
Dans l'intérêt du gouvernement et des citoyens, il faut donc
que les décisions de la justice administrative paraissent
suffisamment impartiales et qu'elles aient ce caractère d'indépendance qui commande le respect aux justiciables et
assure aux juridictions d'où elles émanent la légitime
considération dont elles doivent être entourées. Or, n'est-il
pas à craindre que, dans certaines affaires qui intéressent
l'action ministérielle et l'administration préfectorale, les
Conseils de préfecture, le Conseil d'État lui-même, ne semblent suspects, alors que néanmoins ils prononcent en toute
liberté ?

A cette objection, on répondra sans doute que dans le
corps judiciaire il y a des magistrats qui ne sont pas inamovibles, les juges de paix, par exemple, et que ce fait est
la preuve que l'inamovibilité n'a jamais été considérée

comme une garantie indispensable de l'impartialité du juge. La situation exceptionnelle du juge de paix provient, ainsi qu'on le sait, de sa qualité d'officier de police judiciaire, auxiliaire du procureur de la République, et n'a pas, dans la question qui nous occupe, la portée qu'on voudrait lui attribuer. Personne, en effet, n'admettra que les juridictions administratives remplissent, vis-à-vis de l'administration, un rôle analogue à celui des juges de paix, au regard des parquets. Voici comment M. Aucoc, dans ses *Conférences sur le droit administratif*, réfute l'argument tiré de ce que les magistrats de l'ordre administratif sont amovibles : « Il y a des situations qui suffisent à créer des habitudes d'indépendance que l'inamovibilité à elle seule ne donnerait pas. L'homme est naturellement enclin à attribuer une certaine importance à ses actes, comme un certain mérite à sa personne, et quand une mission de contrôle lui est confiée, il est plus porté à exagérer son pouvoir de contrôle qu'à l'amoindrir de ses propres mains. Les inspirations que les juges administratifs doivent puiser dans l'esprit de leur état et dans la confiance des justiciables, jointes à celles que leur dicte l'intérêt bien entendu de l'administration, offrent aux particuliers des garanties considérables. » C'est vrai, sans aucun doute, pour ceux qui ont le caractère et les habitudes d'esprit que suppose l'éminent auteur que nous venons de citer. Mais on nous concèdera bien que tous ne sont point dans ce cas et qu'on ne peut pas placer sans danger, pour le prestige de la justice, les magistrats administratifs dans une situation où leur conscience et leurs intérêts se feraient échec. La résistance aux influences fâcheuses provenant de ce conflit sera souvent possible assurément, mais est-il sage de demander à l'humaine faiblesse plus qu'elle ne peut donner dans des conditions moyennes ?

Le remède à des inconvénients si graves serait peut-être de conférer aux juges de l'ordre administratif la même stabilité, les mêmes garanties professionnelles qu'aux juges de droit commun. Nous même, pour nous conformer à la doctrine de la séparation des pouvoirs telle qu'elle est organisée dans notre pays, avions demandé jadis que les membres des juridictions administratives fussent inamovibles. Mais aujourd'hui nous sommes obligé de reconnaître que cette réforme ne serait guère du goût de notre démocratie qui considère l'inamovibilité plutôt comme un privilège pour le juge que comme une garantie pour le justiciable. C'est donc à l'abolition des Conseils de préfecture et du Conseil d'État que nous allons conclure, convaincu d'ailleurs, ainsi que nous nous efforcerons de le démontrer ultérieurement, que le principe de la séparation des pouvoirs sainement compris s'oppose absolument à leur maintien.

Mais avant de traiter cette question, il en est une autre d'un grand intérêt pour la réalisation de l'unité de juridiction qui s'impose à notre examen. On ne manquera pas de nous dire : ces exceptions préjudiciables, ces conflits de compétence, ces gaspillages de temps et d'argent que vous condamnez si impitoyablement devant la juridiction administrative se produisent également devant la justice commerciale. Tous les jours on constate que la solution des affaires est entravée par des déclinatoires tendants à leur renvoi devant le tribunal civil. Ainsi, une demande est introduite pour paiement de sommes ou de fournitures contre un négociant par un non-commerçant. Celui-ci se croit sûr d'obtenir prompte justice, puisque l'engagement contracté est présumé commercial à raison de la qualité du débiteur. Mais le négociant excipe de la non-commercialité de son obligation en se fondant sur ce qu'elle ne se rattache pas à des faits relatifs à son commerce, il en fait la preuve et le tribunal consulaire est tenu de se déclarer incompétent. Un commis de magasin dont le patron est responsable blesse une personne en conduisant une voiture pour le transport des marchandises. L'individu lésé, estimant que le commis s'est rendu coupable d'une faute d'ordre purement civil, d'un quasi-délit, actionne le propriétaire du magasin devant le tribunal de première instance. Ce dernier répond avec la jurisprudence qui a prévalu en la matière que le fait dommageable est afférent à son commerce et, qu'on conséquence, le cité ne peut être justiciable que de la juridiction consulaire. Le tribunal civil devra se dessaisir; il y aura peut-être appel, et qui sait, si l'importance du litige le comporte, un pourvoi en cassation, un renvoi devant une autre Cour. Dans bien d'autres cas encore, les mêmes difficultés se présenteront avec leur cortège d'inévitables lenteurs et de frais dispendieux.

On se demande si, pour couper court à ces incidents, à ces conflits de compétence onéreux pour les parties, il ne serait pas bon de supprimer la juridiction commerciale. Aussi bien, depuis quelques années, il s'est formé contre elle dans la doctrine un courant d'opinions défavorable. On reproche aux magistrats consulaires de manquer des connaissances juridiques indispensables pour la bonne administration de la justice. Nous avons jadis, à deux reprises différentes, défendu au congrès des sociétés savantes les tribunaux de commerce, dont le fonctionnement n'est pas aussi défectueux qu'on voudrait le faire croire ; et tout en proposant certaines modifications dans leur organisation, nous avons insisté pour leur conservation. Mais s'il fallait les sacrifier pour réaliser ce progrès d'une importance supérieure qui s'appelle l'unité de juridiction, nous n'hésiterions pas à le faire, tant nous sommes convaincu qu'en fait de justice l'économie de temps et d'argent est un bienfait inappréciable.

En ce qui concerne les juridictions administratives, sans doute on nous objectera que leur abolition est contraire au principe de la séparation des pouvoirs, inscrit depuis plus de cent années dans nos constitutions et dans nos lois, et qui forme la base actuelle de notre droit public. A cela nous répondons qu'assurément nous ne répudions pas ce principe salutaire, mais que la suppression proposée n'en est que la conséquence logique et en quelque sorte nécessaire.

On sait que la conception doctrinale de la séparation des pouvoirs a été formulée par Montesquieu dans l'*Esprit des Lois*, livre XI, chapitre VI. Bien que ce passage de l'immortel publiciste soit très connu, nous croyons utile de le reproduire intégralement dans l'intérêt même du raisonnement que nous avons à suivre.

« Il y a dans chaque État, dit-il, trois sortes de pouvoirs : la puissance législative, la puissance exécutrice des choses qui dépendent du droit des gens et la puissance exécutrice de celles qui dépendent du droit civil.

« Par la première, le prince ou le magistrat fait des lois pour un temps ou pour toujours, et corrige ou abroge celles qui sont faites. Par la seconde, il fait la paix ou la guerre, envoie ou reçoit des ambassades, établit la sûreté, prévient les invasions. Par la troisième, il punit les crimes ou juge les différends des particuliers. On appelle cette dernière la puissance de juger et l'autre simplement la puissance exécutrice de l'État.

« La liberté politique, dans un citoyen, est cette tranquillité d'esprit qui provient de l'opinion que chacun a de sa sûreté ; et, pour qu'on ait cette liberté, il faut que le gouvernement soit tel qu'un citoyen ne puisse pas craindre un autre citoyen.

« Lorsque dans la même personne ou dans le même corps de magistrature la puissance législative est réunie à la puissance exécutrice, il n'y a point de liberté, parce qu'on peut craindre que le même monarque ou le même Sénat ne fasse des lois tyranniques pour les exécuter tyranniquement.

« Il n'y a point encore de liberté si la puissance de juger n'est pas séparée de la puissance législative et de l'exécutrice. Si elle était jointe à la puissance législative, le pouvoir sur la vie et la liberté des citoyens serait arbitraire, car le juge serait législateur. Si elle était jointe à la puissance exécutrice, le juge pourrait avoir la force d'un oppresseur.

« Tout serait perdu si le même homme, ou le même corps des principaux, ou des nobles, ou du peuple, exerçaient ces trois pouvoirs : celui de faire les lois, celui d'exécuter les résolutions publiques, et celui de juger les crimes ou les différends des particuliers. »

Ainsi, d'après l'*Esprit des Lois*, pour que la liberté soit effective et réelle, il faut que les trois pouvoirs qui forment les éléments fondamentaux de l'État, le pouvoir législatif, le pouvoir exécutif, le pouvoir judiciaire soient séparés, et aient chacun une sphère d'attributions parfaitement délimitée. Des publicistes contemporains ont soutenu que le pouvoir judiciaire n'a pas d'existence propre et qu'il n'est qu'une branche du pouvoir exécutif, à laquelle celui-ci délègue la fonction de juger. En admettant l'exactitude de cette doctrine qui peut se discuter, il n'en est pas moins constant que le pouvoir judiciaire, par cela seul qu'il s'exerce essentiellement au moyen d'une délégation, réunit les caractères et présente les garanties d'un pouvoir autonome et indépendant. D'où cette conséquence qu'en toute éventualité il ne pourrait être délégué qu'à des personnes dont les fonctions et les actes ne se confondraient pas avec les fonctions et les actes du pouvoir exécutif. S'il en était autrement, il est manifeste qu'une délégation faite en violation de cette règle aurait pour résultat de produire la dangereuse confusion que signale Montesquieu. Vainement on voudrait prétendre que ce dernier n'a eu en vue que la réunion, dans les mains du chef de l'État, du pouvoir d'exécuter les lois et du pouvoir de juger ; qu'il ne s'est préoccupé, pour éviter un redoutable abus, que de la nécessité d'une délégation, sans la critiquer, quelle qu'elle fût, du moment où elle existait ; que nulle part il n'a condamné les

juridictions spéciales ; et que, par suite, leur existence ne
constitue pas une infraction au principe de la séparation
des pouvoirs. Cette objection est sans portée si ces juridictions, dépourvues de toute individualité distincte, de toute
autonomie, se confondent avec les agents de cette administration dont elles doivent apprécier les actes.

C'est précisément le cas des conseils de préfecture. Leurs
membres dépendent entièrement du gouvernement qui les
déplace ou les révoque à son gré. Placés plus directement
dans la main des préfets, dont l'influence sur leur avenir et
leurs déterminations peut être considérable, qui leur délèguent certaines attributions administratives et sont tenus
de statuer sur divers objets, le conseil de préfecture entendu,
ils sont en outre appelés à rendre la justice sous la présidence
du préfet, à qui la loi conserve encore ce droit exhorbitant.
Dans ces conditions, il est vraiment impossible de considérer le conseil de préfecture comme étant un des éléments
du pouvoir judiciaire, car il n'en a ni les caractères, ni les
garanties essentielles. Le conseil d'État est dans la même
situation légale : composé de membres révocables, chargés
de donner leur avis dans nombre de cas sur les points qui
leur sont soumis par le gouvernement, puis de statuer en
assemblée générale du contentieux, il a plus d'indépendance que le conseil de préfecture, mais comme lui il
cumule les fonctions administratives et les fonctions judiciaires. Au même titre donc, il ne saurait être délégué par
le pouvoir exécutif pour rendre la justice en son nom. En
droit, sinon toujours en fait, cette délégation équivaut à
celle que le pouvoir se donnerait à lui-même. Par conséquent, même en restreignant la théorie de Montesquieu à
la nécessité d'éviter le cumul des attributions judiciaires et
administratives sur la tête du chef de l'État, les juridictions
administratives, telles qu'elles sont actuellement constituées,
ne permettent pas d'éviter la confusion des pouvoirs. Elles
doivent donc être supprimées, que le pouvoir judiciaire soit

une branche autonome du pouvoir exécutif ou qu'il émane de la loi, sous la réserve d'une délégation par celle-ci au gouvernement de faire les choix de personnes.

La sphère d'attributions de chacun des trois pouvoirs semble avoir été suffisamment déterminée par l'Esprit des Lois. Le législatif élabore les lois ; l'exécutif les applique, lorsqu'elles ne soulèvent pas de difficultés entre le gouvernement et les citoyens; le judiciaire enfin pourvoit à leur exécution, quand cette exécution donne lieu à des contestations et lorsqu'ainsi l'exercice des droits en compétition revêt un caractère contentieux. C'est ce qu'a voulu dire Montesquieu quand il appelle « puissance de juger » celle en vertu de laquelle le prince ou le magistrat punit les crimes ou juge les différends des particuliers. Il est bon de remarquer en effet, que cette définition ne limite pas les attributions judiciaires aux procès des citoyens entre eux ; elle donne compétence au pouvoir judiciaire pour régler les différends des particuliers sans spécifier quelle en doit être la matière, sans dire que les contestations à juger ne peuvent surgir qu'entre ces mêmes particuliers, sans exclure en un mot les conflits d'intérêt qui se produisent entre eux et le pouvoir exécutif. Donc, d'après l'*Esprit des Lois* sainement interprété, le domaine du juge s'étend indistinctement à tous les litiges sur lesquels il y a lieu de statuer, à toutes les matières qui font l'objet d'une contestation, qu'elles soient administratives ou non. C'est sur la distinction des fonctions à exercer et non sur la distinction des matières à apprécier que se fonde le principe de la séparation des pouvoirs.

Telle est la véritable interprétation des doctrines de l'Esprit des Lois, celle qui s'en dégage avec une suffisante netteté et qu'aujourd'hui adoptent les meilleurs esprits. Si Montesquieu n'a pas été compris par les législateurs de 1790 et leurs successeurs, qui ont cru devoir, à côté des institutions judiciaires, organiser des juridictions administratives, cela tient à deux motifs, l'un provenant du souvenir des empiètements des anciens parlements, l'autre purement de fait, qui ont faussé dans leur esprit la conception du principe. Tant il est vrai qu'en bien des cas l'influence des faits l'emporte sans raison appréciable sur les notions théoriques les plus justes et les mieux combinées.

Sous l'ancien régime, ce n'était pas la division des pouvoirs, c'était leur confusion qui prévalait dans toutes les sphères gouvernementales. Dans l'ordre judiciaire spécialement, les parlements étaient de véritables corps politiques ; ils s'arrogeaient le droit d'enregistrer avant toute exécution les ordonnances royales ayant le caractère législatif ou administratif, annulaient les actes des agents de l'administration et au besoin ajournaient ces derniers à comparaître devant eux à raison de leurs fonctions ; ils rendaient également des arrêts de règlement portant injonction aux administrateurs de s'abstenir de certains actes déterminés ou de suivre les règles tracées par l'autorité judiciaire pour tel ou tel cas. Il ne saurait y avoir plusieurs manières d'apprécier de tels agissements ; c'étaient là des empiètements intolérables de la part du pouvoir judiciaire, de nature à rendre l'administration impossible et à lui enlever toute considération au regard des citoyens. Le nouveau régime constitutionnel qu'établissait l'assemblée constituante devait nécessairement mettre un terme à d'aussi regrettables abus. Pour y parvenir, il suffisait de proscrire les arrêts de règlement, de prohiber l'annulation et l'appréciation par l'autorité judiciaire des mesures et actes administratifs en dehors d'un débat contentieux relatif à des droits lésés.

De la sorte, le pouvoir judiciaire ne serait point sorti de sa sphère d'action et l'autorité administrative aurait recouvré l'initiative et l'indépendance qui normalement doivent lui appartenir. Mais transférer du pouvoir judiciaire au pouvoir exécutif des attributions qui tiennent essentiellement à la fonction de juger, sous le prétexte que certaines matières rentrent plutôt dans le domaine administratif que dans le cercle des intérêts particuliers, c'était purement et simplement substituer un abus à un autre abus, c'était remplacer la domination des parlements par celle de l'administration. Le législateur de 1790 a donc eu tort de réagir ainsi sans mesure en organisant des juridictions administratives spéciales qui ne se distinguaient pas de l'administration elle-même. Toutefois, on s'explique jusqu'à un certain point qu'il ait procédé ainsi en souvenir du récent état de choses dont il avait constaté les inconvénients. Ce qu'on comprend moins, c'est que ses successeurs, suffisamment édifiés sur le mérite de son œuvre par une longue expérience, ne se soient pas ralliés à une conception plus exacte du principe de la séparation des pouvoirs.

Cette abstention du pouvoir législatif provient vraisemblablement de ce que la plupart des contestations dont l'autorité judiciaire peut être appelée à connaître, se rattachent aux intérêts privés de nature civile, « aux différends des particuliers » selon l'expression de Montesquieu, tandis que celles qui sont déférées aux conseils de préfecture et au Conseil d'État se meuvent le plus souvent dans le cercle des lois administratives. En partant de cette donnée de fait qui n'implique rien sur le droit, et en l'absence d'une définition complète et précise du pouvoir judiciaire dans notre législation, on a été amené à considérer les matières administratives et les questions qui s'y réfèrent comme rentrant exclusivement dans la compétence du pouvoir exécutif, et les matières du droit privé, contentieuses ou autres, comme étant dévolues à l'autorité judiciaire. C'est ainsi qu'à la distinction fondamentale entre les trois pouvoirs reposant sur la nature des fonctions que chacun d'eux remplit, on a substitué une autre distinction basée sur la nature des matières. La différence entre ces deux points de vue est capitale. M. Rieu (*Du pouvoir judiciaire dans le canton de Vaud*, 1861) l'a nettement fait ressortir :

« Si l'on a égard, dit-il, à la nature des fonctions, l'autorité judiciaire s'exercera toutes les fois qu'il s'agit de
juger, c'est-à-dire de trancher une contestation effective
sur l'application de la loi, de décider, entre deux préten-
tions opposées, quelle est celle qui s'appuie sur la loi, et
quelle est celle qui va contre la loi. Dans le second point de
vue, l'autorité judiciaire n'est compétente, même pour
juger, qu'autant que la nature de la question le permet, et
la compétence de l'autorité administrative dans les lois
administratives exclut celle de l'autorité judiciaire, même
au point de vue purement judiciaire. »

Ainsi aujourd'hui la signification exacte du principe de
la séparation des pouvoirs et les inconvénients du système
qui, pour l'appliquer soi-disant, fonctionne en France et
dans quelques autres pays, sont parfaitement connus. Les
meilleurs esprits s'accordent à reconnaître que le jugement
de toutes les contestations sans distinction de matières
appartient au pouvoir judiciaire et que les juridictions
administratives, ce legs d'un passé qui n'a pas su comprendre la doctrine de Montesquieu, doivent être abolies.
Écoutons à cet égard le langage de Jules Favre dans sa bro-
chure : *De la réforme judiciaire.*

« L'idée d'une justice spéciale pour les différends dans
lesquels l'administration est intéressée, dit-il, repose
exclusivement sur la théorie d'un droit suprême apparte-
nant à cette administration constituée au-dessus de la
société comme un être primordialement supérieur à tous
et placé en dehors des règles ordinaires. Cette théorie se
défend à peine sous le régime constitutionnel d'une monarchie tempérée, elle est absolument incompatible avec le
régime républicain. Que les tribunaux ne puissent ni
juger, ni entraver un acte administratif accompli en exécution d'une loi, rien de mieux ; mais qu'ils soient incom-
pétents pour statuer sur une difficulté soulevée entre un
citoyen et l'administration à l'occasion d'un contrat ou d'un

fait administratif, et qu'il faille en saisir une juridiction émanée de l'administration elle-même, devenue ainsi juge et partie, c'est là ce qui répugne aux saines notions du droit, c'est là ce qui ne saurait être maintenu chez une nation qui tient à honneur d'établir chez elle une bonne justice. »

Que pourrait-on ajouter à des considérations d'une telle puissance ? Il nous reste à réfuter des objections de diverse nature que présentent les partisans de l'état de choses actuel, trop souvent portés à une injuste méfiance envers le pouvoir judiciaire.

Le premier argument que l'on invoque, c'est que les agents du pouvoir exécutif, les autorités administratives, amovibles et responsables, ont besoin d'être protégés contre l'autorité judiciaire inamovible et irresponsable, dont les empiètements, difficiles à réprimer, leur enlèveraient toute liberté d'action, toute indépendance.

On se demande avec étonnement comment le pouvoir judiciaire aurait la possibilité de commettre d'aussi dangereuses usurpations d'attributions, du moment où il n'aurait pas la faculté de statuer réglementairement sur une question déterminée, et d'apprécier ou d'annuler d'une façon absolue un acte administratif. Les tribunaux de droit commun ne pourraient, en effet, s'occuper d'un acte d'administration, si abusif qu'on le suppose, que dans sa relation avec les droits du citoyen que cet acte aurait lésés, et de plus à la condition qu'une demande les aurait régulièrement saisis de la question. En toute autre occurence, les actes administratifs ne sauraient être soumis à l'appréciation du pouvoir judiciaire. Comment donc ce pouvoir parviendrait-il à commettre les empiètements que l'on redoute?

On prétend que si les magistrats de l'ordre judiciaire connaissent du contentieux administratif, ils feront eux-mêmes de l'administration et absorberont l'autorité administrative obligée par la force des choses de s'incliner devant leurs décisions. M. Vivien disait même en 1849 que cette dernière tomberait dans un état de vassalité au regard du pouvoir judiciaire. Une telle objection n'est pas sérieusement soutenable, et il suffit, pour s'en rendre compte, de rechercher si la responsabilité, si les prérogatives de l'autorité administrative sont aussi intéressées dans le jugement des affaires contentieuses qu'on est quelquefois tenté de la croire. A vrai dire, il n'en est rien. Si l'arrêté du ministre de l'intérieur ou du préfet qui a causé préjudice à un citoyen est annulé, si une réparation est accordée à ce dernier, ce ministre ou ce préfet ne sera pas moins indépendant dans l'exercice de ses fonctions qu'avant cette annulation. Rien, en effet, ne restreint pour l'avenir la faculté qui lui appartient de prendre les mêmes arrêtés dans des cas analogues. Sans doute il doit s'efforcer de ne causer à personne aucun dommage par les mesures qu'il adopte, mais aucune puissance au monde ne saurait l'empêcher de rendre un nouvel arrêté de même nature que celui qui a été annulé. Par conséquent, la liberté d'action, l'initiative de l'administration demeurent intactes et on ne peut dire qu'elle soit tombée sous la domination du pouvoir judiciaire.

Le ministre ou le préfet dont nous venons de parler se trouve exactement dans la situation qui est faite au ministère public près les tribunaux et les Cours. Le parquet requiert un renvoi devant une juridiction criminelle ou correctionnelle ; le juge d'instruction et la Chambre d'accusation décident qu'il n'y a pas lieu à suivre. Il réclame une condamnation contre un prévenu : le tribunal et la Cour d'appel lui répondent par un acquittement. Est-ce que dans ces deux hypothèses le ministère public n'a pas eu sa complète indépendance ? Les décisions de non-lieu, l'acquittement intervenus l'empêcheront-ils à l'avenir d'exercer l'action publique comme il l'entendra, d'user de son droit de poursuites même dans des espèces semblables à celles où les prévenus ont été relaxés ? Non assurément. Rien ne fait obstacle à la liberté d'action du parquet, rien n'enchaîne son initiative. On ne peut donc pas soutenir que ses attributions sont absorbées par les Cours et tribunaux. Il en serait de même de l'administration en face de la juridiction de droit commun si elle était appelée à statuer sur le contentieux administratif.

On a dit encore que, dans l'état actuel de notre droit administratif, la distinction entre le contentieux qni repose sur un droit, et les affaires gracieuses qui ne concernent que les intérêts et sont toutes de faveur serait fort difficile à établir. La loi, en effet, n'a pas défini le droit et l'intérêt, et l'intérêt lésé, prétend-on, peut devenir un droit auquel il a été porté préjudice si l'administration s'est servi de son pouvoir dans un but différent de celui pour lequel la loi le lui avait confié. En tout cas, la différence entre la juridiction contentieuse et la juridiction gracieuse n'étant pas fondée sur des textes précis, c'est à la jurisprudence qu'il appartient de l'établir. Or le Conseil d'État n'est pas encore parvenu à opérer cette délimitation et l'on se demande comment les tribunaux de droit commun, toujours d'humeur à accueillir une extension de compétence à leur profit, pourront, sans envahir arbitrairement un domaine qui appartient à autrui, distinguer ce qui est purement gracieux de ce qui a un caractère contentieux.

Vraiment un tel langage ferait supposer, contrairement à la réalité des faits, que l'autorité judiciaire se préoccupe avant tout d'usurper les attributions de l'administration. Où donc a-t-on jamais constaté chez elle de pareilles tendances ? Obligé de statuer même quand la loi garde le silence ou est insuffisante, le juge déterminera au fur et à mesure des besoins de la pratique, les cas où son action doit s'arrêter devant les prérogatives de l'administration, la jurisprudence tracera nettement une ligne de démarcation entre la juridiction gracieuse et la juridiction contentieuse et chacune des deux autorités administratives et judiciaires se maintiendra dans les limites de son domaine propre. A supposer qu'au début il puisse se produire à cet égard quelques incertitudes et quelques variations, la Cour suprême, usant de son pouvoir régulateur, saura faire rentrer promptement les tribunaux dans la sphère contentieuse dont ils n'auraient pas dû sortir. Ainsi disparaîtront à bref délai des difficultés que l'on exagère à plaisir.

Selon les partisans du *statu quo*, la spécialité des matières administratives, la quantité considérable de textes non codifiés qu'il y a lieu d'appliquer doivent rendre le jugement du contentieux administratif bien difficile pour l'autorité judiciaire. Elle est, en effet, dit-on, mal préparée par ses travaux antérieurs à une tâche aussi délicate ; il ne suffit pas, pour son accomplissement qu'elle connaisse les dispositions que comprend le droit administratif, il faut encore qu'elle ait la connaissance des règles qui servent à les interpréter. Comment les magistrats de l'ordre judiciaire pourraient-ils l'acquérir, alors que les principes du droit civil qu'ils appliquent tous les jours dans l'interprétation des lois civiles diffèrent absolument des principes du droit public qui servent à interpréter les lois administratives ? Comment d'ailleurs, n'étant point mêlés aux affaires de l'administration, auraient-ils les notions pratiques qui permettent de juger les faits à leur propre valeur et de voir s'ils rentrent bien dans les cas prévus par la loi ? Pour le jugement des matières spéciales, il faut des connaissances et une expérience spéciales sans lesquelles le contentieux administratif qui exige une certaine souplesse d'esprit pourrait donner lieu à des décisions trop rigides.

Cette argumentation est aisée à réfuter. Qu'il faille des connaissances d'un genre spécial pour une spécialité d'affaires, qu'une expérience particulière soit nécessaire au juge pour statuer sur des constestations d'un caractère tout particulier, nous n'y contredirons pas. Mais est-ce donc dans les conseils de préfecture que le plus souvent on rencontrera ces précieuses qualités ? Le doute est au moins permis en ce qui touche ceux qui exercent leurs fonctions dans les villes et départements de moyenne importance. La plupart des membres de ces conseils sont des jeunes gens qui, pendant la durée de leurs études juridiques, n'ont pas fait plus de droit administratif que les magistrats de l'ordre judiciaire, puisque le programme sur la matière est commun à tous les étudiants et que l'entrée dans les juridictions administratives n'est pas subordonnée à des conditions spéciales sur ce point. Pour ce qui est de leur expérience particulière des affaires qui intéressent l'administration, on peut dire qu'elle est en voie de formation, et quant à leurs connaissances générales en matière d'affaires, elles sont presque toujours inférieures à celles des juges. Il va de soi que ces considérations perdent la plus grande partie de leur valeur lorsqu'il s'agit des Conseils de préfecture de 1re classe où l'on n'arrive qu'après un assez long stage dans les tribunaux administratifs inférieurs et qu'elles ne sont plus du tout admissibles en ce qui concerne les conseillers d'État, rompus aux affaires et à toutes les nécessités pratiques de l'administration. Est-ce à dire que les juges, les membres des Cours d'appel et de la Cour de cassation ne pourraient avoir une suffisante aptitude ? On le conteste par le motif que les principes du droit civil sont en discordance avec les principes du droit administratif. Cette assertion, peut-on dire tout d'abord, est exagérée et n'a pas d'ailleurs la portée qu'on lui prête. Est-ce que le droit fiscal qu'appliquent les tribunaux en matière d'enregistrement et de contributions indirectes ne diffère pas aussi du droit civil ?

Quant à cette objection tirée de ce que le juge de droit commun aurait trop de rigidité juridique pour décider, d'après la valeur des faits, s'ils rentrent dans les éventualités prévues par la loi, elle est véritablement puérile. Croit-on donc que les tribunaux, avec la tendance vers les solutions de fait et d'équité qui se manifeste chez beaucoup d'entre eux, ne sauraient pas se rendre compte de certaines nécessités pratiques de l'administration et s'enfermeraient dans une raideur d'autant plus inexplicable que parfois les textes sont insuffisants ou obscurs? Comme elle l'a fait dans des matières que le droit civil réglemente incomplètement, la juridiction ordinaire adopterait une jurisprudence en harmonie avec les besoins qui réclameraient satisfaction, et d'ailleurs qui l'empêcherait de s'inspirer des précédents s'il y avait lieu ?

Le véritable motif dont on se prévaut plus ou moins ouvertement pour maintenir le jugement des affaires contentieuses aux juridictions administratives, est celui que proclamait sans ambages, il y a longtemps, M. Vivien dans ses *Études administratives :* « Dans les affaires du droit civil ordinaire, disait cet auteur éminent, les parties ont droit aux mêmes avantages et la balance ne doit jamais pencher pour l'une au détriment de l'autre. Dans les affaires administratives, l'intérêt public réclame certaines facilités, certains tempéraments qui, sans altérer le droit, sont de nature à en modifier l'application. » Qu'est-ce donc que ce prétendu intérêt public, si ce n'est la raison d'État qui a servi d'excuse à tant d'abus ? Que sont donc ces tempéraments qui, tout en maintenant le droit inaltérable en principe, en changent l'application dans la pratique, sinon l'arbitraire avec tous ses dangers ? On ne saurait protester trop énergiquement contre une doctrine qui invoque de telles considérations pour donner au pouvoir exécutif une situation privilégiée. D'ailleurs, est-il exact de prétendre que l'intérêt public ait de telles exigences? Si les actes des agents de l'administration lèsent les droits des citoyens, comment l'État serait-il intéressé à ce que ceux-ci ne puissent obtenir la réparation qui leur est légitimement due ou ne recevoir qu'une satisfaction partielle ? Pour qui veut apprécier sainement les rapports qui existent entre les admi-

nistrés et l'État, il est incontestable que l'intérêt de ce dernier consiste à éviter les mesures illégales et injustes, et à
faire jouir le citoyen du bienfait d'une bonne et impartiale
justice.

Des arguments de cette nature sont donc sans portée au
point de vue du maintien des juridictions administratives. Il
en est de même des considérations tirées de l'unité de la
jurisprudence établie par le Conseil d'État, qui, statuant
tout à la fois comme Cour d'appel et comme Cour de cassation, est mieux en mesure que ne le serait la Cour suprême
de faire prévaloir son autorité régulatrice. Nous déclarons
humblement ne pas comprendre cette objection : il est possible qu'au début certaines Cours d'appel ne partagent pas
sur certains points la doctrine de la Cour de cassation, mais
lorsque celle-ci l'aura affirmée par plusieurs décisions suc-
cessives, elles seront bien obligées de s'incliner. Une jurisprudence uniforme ne tardera donc pas à s'établir, et dus-
sent se produire, sous ce rapport, quelques inconvénients
pendant la période qui suivra immédiatement l'abolition des
tribunaux administratifs, qu'ils seraient bien moins funestes
que les déclinatoires de compétence et les conflits d'attributions avec les lenteurs et les frais dont les justiciables ont
aujourd'hui tant à souffrir.

On fait valoir enfin en faveur des juridictions administratives la célérité avec laquelle s'expédient les affaires, le
peu de complication d'une procédure qui permet de les ins-
truire rapidement et l'économie de dépens qui en est la conséquence. Ce sont là sans doute de sérieux avantages fort
prisés du justiciable. Mais serait-il impossible de l'en
faire jouir devant les tribunaux de droit commun ? Poser la
question, c'est la résoudre. Dans la réforme du Code de procédure que l'on prépare, il serait facile d'assimiler pour
l'instruction les affaires administratives aux affaires som-
maires ordinaires ou même encore aux affaires commer-
ciales. Ces deux espèces de procédure sont rapides et peu

coûteuses. Si cependant ces améliorations paraissaient insuffisantes, pourquoi ne conserverait-on pas le mode de procéder des tribunaux administratifs ? Rien ne saurait s'y opposer, car si les principes exigent qu'il n'y ait qu'une seule juridiction pour le jugement de tous les litiges, quels qu'ils soient, il n'est pas nécessaire que la procédure soit uniforme et invariable malgré la spécialité des matières.

Le régime dont nous demandons l'établissement n'est pas une pure abstraction théorique. Depuis longtemps déjà il fonctionne plus ou moins complètement dans certains États européens et dans l'Amérique du Nord. Si l'Autriche, la Prusse, la Bavière, certains cantons suisses, l'Italie et l'Espagne possèdent des juridictions administratives, la Belgique, les Pays-Bas, la grande Bretagne et les États-Unis ou les ont abolies ou ne les ont jamais organisées. Il est bon de remarquer que ces pays figurent parmi les États constitutionnels les plus libéraux et les mieux initiés à la pratique de toutes les libertés.

La Belgique, pendant la domination française, avait connu l'application du système de la séparation des pouvoirs tel que nous la comprenons. L'usage immodéré des conflits, les abus de toutes sortes qui en avaient été la conséquence, n'avaient sans doute donné à ce pays qu'une confiance restreinte dans les avantages d'un régime qui aboutissait à la prépondérance exorbitante du pouvoir exécutif. Aussi le législateur se garda-t-il d'imiter nos institutions en ce point. Il attribua compétence aux tribunaux ordinaires pour les contestations de droit civil et de droit politique, sauf les exceptions prévues par la loi, et décida qu'aucune juridiction contentieuse ne pourrait être établie qu'en vertu d'une loi. Il existe cependant chez nos voisins un contentieux administratif restreint. C'est la députation du Conseil provincial qui en est chargée ; elle juge les réclamations en matière de contributions, les questions relatives aux élections et à la confection des listes électorales, et apure les comptes des revenus communaux. Le roi est le chef suprême de l'administration, et à ce titre il statue sur une partie des matières dont la connaissance appartient chez nous au Conseil de préfecture, notamment sur les autorisations de plaider. Il est à noter qu'à part un nombre fort limité de litiges la plupart des contestations sont jugées par la juridiction de droit commun, qui a le droit d'apprécier les actes administratifs dans leur relation avec les citoyens et d'ordonner les réparations qu'ils peuvent comporter.

Les Pays-Bas n'ont pas non plus conservé la législation française : sans supprimer les juridictions administratives d'une façon complète, ils se sont bornés à restreindre leurs attributions aux élections, aux contributions, au recrutement de l'armée et au service de la garde civique. On peut dire que cette application du principe de la séparation des pouvoirs laisse encore à désirer, mais en tout cas le régime en vigueur dans la Néerlande présente moins d'inconvénients que celui qui fonctionne chez nous.

La Grande-Bretagne n'a jamais connu les juridictions administratives. Dans ce libre pays qui a eu le mérite d'initier le monde à la pratique des institutions constitutionnelles, il n'est jamais venu à l'esprit de personne que la séparation des pouvoirs consistât à faire juger les procès où l'administration est intéressée, les questions qui se rattachent aux matières administratives par d'autres magistrats que ceux qui connaissent des affaires de droit civil. Aussi, que de garanties pour le citoyen contre l'arbitraire et les abus de pouvoir ! Un publiciste anglais Homersham Cox a remarquablement mis en relief les avantages que présente une organisation judiciaire ainsi conçue : « Le plus grand caractère distinctif de l'Angleterre, dit-il, consiste en ce que le pouvoir administratif ne peut exécuter les lois qui concernent les particuliers autrement que du consentement de ces derniers, ou en vertu d'une décision judiciaire qui leur fait l'application de la loi. En d'autres termes, tout sujet anglais a le droit de recourir à l'autorité judiciaire contre tout acte du gouvernement qui le touche dans sa personne ou dans ses biens. »

Les États-Unis ont conservé, développé même les principes constitutifs de la législation anglaise sur la matière. Le pouvoir judiciaire est investi d'attributions plus considérables que dans les autres pays. Sa compétence est universelle ; elle embrasse toutes les matières qui peuvent faire l'objet de contestations quelconques. Les constitutions particulières des États règlent ce qui concerne les procès entre citoyens du même État. Quant à la constitution fédérale, elle s'exprime relativement au pouvoir judiciaire dans des termes qui en font l'égal de la puissance législative et de la puissance exécutive. « Article 3, section 2. — Le pouvoir judiciaire s'étendra à toutes les causes en matière de droit et d'équité qui s'élèveront sous l'empire de cette constitution des lois des État-Unis et des traités faits ou qui seront faits sous leur autorité ; à toutes les causes concernant des ambassadeurs, d'autres ministres publics ou des consuls ; à toutes les causes de l'amirauté ou de la juridiction maritime ; aux contestations dans lesquelles les États-Unis seront partie ; aux contestations entre deux ou plusieurs États, entre un État et des citoyens d'un autre État, entre des citoyens d'États différents ; entre des citoyens du même État réclamant des terres en vertu de concessions émanées de différents États, et entre un État où les citoyens de cet État et des États étrangers, leurs citoyens ou sujets. »

La compétence de l'autorité judiciaire est vraiment universelle. Nous ne demandons pas pour elle chez nous la faculté de déclarer inconstitutionnelles au regard des réclamants certaines dispositions légales. Nos mœurs politiques n'admettraient pas que de telles attributions fussent conférées au pouvoir judiciaire. Nous nous bornons à demander que tout citoyen lésé par les actes de l'administration puisse en réclamer la réparation devant les tribunaux de droit commun, que toutes les contestations contentieuses soient jugées par la juridiction ordinaire, quelles que soient les matières, administratives ou non, sur lesquelles elles portent. C'est la séparation des pouvoirs par fonctions et non par matières qu'en un mot nous revendiquons. N'est-ce pas du reste, la véritable conception du principe ?

Les Américains le croient. Avec leur esprit positif, ennemis des subtilités, ils ont compris que la législation française avait fait fausse route et que la division des pouvoirs telle qu'ils l'admettaient était plus favorable que notre système à la sauvegarde des droits et des libertés de tous. C'est en ce sens du reste que leurs publicistes, et notamment Story, dans son exposition familière de la constitution des États-Unis, apprécient la doctrine de la séparation des pouvoirs. « L'existence des trois pouvoirs législatif, judiciaire, exécutif, a toujours été reconnue indispensable à l'énergie et à la stabilité de tout gouvernement. Leur séparation a été reconnue, de même, indispensable à la conservation des libertés publiques et des droits individuels. La séparation de ces trois grands pouvoirs et leur attribution à des fonctionnaires distincts a toujours été le thème favori des patriotes et des hommes d'État. Et l'expérience justifiant leur manière de voir a démontré que ce principe repose sur une juste appréciation, soit de la nature du gouvernement, soit de ce qu'exigent la sécurité et la liberté d'une nation.

Pour achever notre tâche, il ne nous reste plus qu'à donner un aperçu rapide des modifications à introduire dans nos lois pour réaliser l'unité de juridiction. Les Conseils de préfecture, le tribunal des conflits, le Conseil d'État statuant au contentieux seraient supprimés : on laisserait subsister, bien entendu, les sections de ce corps éminent qui n'ont pas d'attributions contentieuses.

Toutes les affaires actuellement soumises aux Conseils de préfecture, soit par la loi du 28 pluviôse an VIII, soit par d'autres lois, quelle que puisse être la nature des droits invoqués et de quelque manière que l'administration y soit intéressée, tous les procès tendants à faire déclarer l'État et ses agents débiteurs ou responsables, seront dévolus aux tribunaux de première instance. Les réclamations en matière de contributions directes seront ¡réglées par un juge qui les admettra ou les rejettera sur procès-verbal, ainsi qu'il est procédé pour les ordres judiciaires, sauf recours au tribunal qui statuera sans appel après signification de mémoires, de même qu'il est fait dans les procès concernant l'enregistrement. Les Cours d'appel connaîtront [de toutes les affaires dans lesquelles le Conseil d'État remplissait l'office de juge du second degré. Enfin, la Cour de cassation assurera l'exécution régulière de la loi et l'unité de la jurisprudence.

Le préfet statuera seul dans toutes les questions où le Conseil de préfecture doit être entendu en vertu de la législation actuelle. Quant aux actes de haute tutelle administrative, notamment aux autorisations de plaider pour les communes, hospices, établissements publics quelconques, c'est également lui qui prononcera après avoir pris l'avis de trois jurisconsultes. Il vérifiera également les comptes des percepteurs, receveurs communaux ou d'établissements publics dont le montant serait inférieur à 3,000 francs, sauf le recours des intéressés à la Cour des comptes. Au-dessus de cette somme, les comptes seront directement soumis à cette haute juridiction.

Quant aux arrêtés émanés de l'administration, il y aurait des distinctions à faire selon l'importance hiérarchique des agents qui les auraient rendus. Rien n'empêcherait d'en attribuer la connaissance aux tribunaux lorsqu'ils seraient l'œuvre de fonctionnaires administratifs d'ordre secondaire, comme les maires, comme les conseils municipaux, quand ils ne pourraient plus être l'objet d'un recours devant l'administration supérieure. La juridiction de droit commun du premier degré présente toutes les garanties requises en pareille occurence. En est-il de même lorsqu'il s'agit d'arrêtés préfectoraux ou d'arrêtés ministériels ? Tout porte à le croire assurément, et nous sommes convaincus que l'indépendance et l'impartialité des juges de première instance, dans ce cas comme dans tout autre, ne laisseraient rien à désirer. Toutefois, le caractère particulier des intérêts en litige, la haute situation des auteurs des arrêtés nous paraissent exiger qu'une juridiction placée dans une sphère hiérarchique plus élevée soit chargée de l'examen de leurs décisions. Nous réserverions donc aux Cours d'appel la connaissance des affaires dans lesquelles les citoyens prétendraient être lésés par des arrêtés de préfets ou de ministres. De la sorte, se trouveraient établies en matière civile et administrative les attributions exceptionnelles que nos lois criminelles confèrent aux Cours d'appel.

Les affaires contentieuses s'instruiraient conformément aux règles de la procédure actuellement suivie devant les tribunaux administratifs.

La juridiction ordinaire n'aurait jamais le droit de statuer par voie réglementaire, d'adresser des injonctions aux membres de l'administration, d'annuler d'une manière absolue *erga omnes* un acte administratif. Si de tels procédés étaient licites, on verrait probablement se produire de regrettables empiètements de la part de l'autorité judiciaire. Or, personne ne veut la main-mise du pouvoir judiciaire sur le pouvoir exécutif. Ce qui importe à l'intérêt public comme aux intérêts privés, c'est que ces deux pouvoirs se maintiennent dans la sphère de leur compétence propre, l'un pour juger, l'autre pour administrer. Ce résultat s'obtiendra aisément si l'on oblige l'autorité judiciaire, saisie d'une réclamation contre un acte administratif, à ne connaître des effets de cet acte qu'en tant qu'ils seraient contraires aux droits du réclamant et à laisser subsister cet acte pour tout le reste et à l'égard de toutes autres personnes.

Les membres des Conseils de préfecture, on le sait, remplissent des fonctions administratives que leur délèguent les préfets, soit d'une manière permanente, soit temporairement et en cas d'absence ou d'empêchement. La suppression des juridictions administratives aurait donc pour résultat possible d'entraver dans les préfectures le fonctionnement de certains services. Aussi pour remédier à cet inconvénient, proposons-nous d'adjoindre au préfet, selon l'importance du département, un ou plusieurs auxiliaires que l'on appellerait agents d'administration ou qui recevraient toute autre dénomination analogue.

On n'a pas oublié qu'au début de cette étude, en vue de réaliser aussi complètement que possible l'unité de juridiction, nous avons admis la suppression des tribunaux de commerce. Cette réforme mettra fin à ces conflits de compétence alternativement soulevés soit devant le tribunal civil, soit devant le tribunal consulaire, qui sont dispendieux pour les parties et amènent de regrettables lenteurs. L'administration de la justice se trouvera ainsi simplifiée et améliorée.

Telles sont, rapidement esquissées, car nous n'avons pas voulu, dans cette communication insister outre mesure sur les détails, les modifications qu'implique ce progrès inappréciable de l'unité de juridiction toujours réclamé et jamais réalisé dans notre pays. Son avènement assurera aux citoyens les avantages d'une économie dans les dépens et les garanties d'une bonne, impartiale et prompte justice qui trop souvent lui font défaut aujourd'hui. La réforme, à ce bienfait, joindra-t-elle celui d'une réduction dans les frais généraux de notre organisation judiciaire ? Cela se produira peut-être, mais rien n'est moins certain. Dans les centres importants, en effet, il sera nécessaire d'augmenter le personnel judiciaire en proportion des besoins que nécessitera le fonctionnement du nouveau régime. Dans cette occurrence, les membres des juridictions administratives supprimées sont tout naturellement désignés pour faire partie des cours et tribunaux qui doivent les remplacer. Au surplus, dût [la nouvelle organisation ne donner lieu à aucune économie, qu'il faudrait encore s'empresser de la créer, puisqu'elle restituera au principe de la séparation des pouvoirs, désormais mieux compris, les effets salutaires qu'une erreur regrettable l'a empêché de produire, puisqu'elle conférera aux citoyens les garanties dont jouissent la libre Angleterre et la républicaine Amérique du Nord.

Orléans. — Imp. Paul GIRARDOT.

9 782013 462495